Die neue VARIO-Trennkost glutenfrei

Johanna Handschmann

Die neue VARIO-Trennkost glutenfrei

- optimiert für die glutenfreie Ernährung
- komplettes 14 Tage-Programm
- zum Abnehmen und Wohlfühlen
- viele vegetarische Gerichte bzw. Varianten
- für die ganze Familie
- für Stoffwechseltyp-Ernährung: Eiweißtyp und Kohlenhydrattyp
- für LOW-CARB-und PALEO-Ernährung
- kurze Zubereitungszeiten

Bibliografische Information der Deutschen Nationalbibliothek:

Die Deutsche Nationalbibliothek verzeichnet diese Publikation in der Deutschen Nationalbibliografie; detaillierte bibliografische Daten sind im Internet über http://dnb.dnb.de abrufbar.

© 2015

Text und Rezepte: Johanna Handschmann
j.handschmann@googlemail.de

Cover-Design: Dr. Wolfgang Handschmann
handschmann@t-online.de

Fotos: Dr. Wolfgang Handschmann

Sprache: Deutsch: neue Rechtschreibung

Herstellung und Verlag: BoD – Books on Demand, Norderstedt

ISBN: 9783738639735

Inhaltsverzeichnis

Die neue
VARIO-Trennkost

Die NEUE Trennkost, ultimativ und variabel

Die neue VARIO-Trennkost ist ideal für Alle, die Ihrem Körper etwas Gutes tun, ein paar Pfunde abnehmen möchten und dabei gleichzeitig ihren Stoffwechsel aktivieren und Vitalität gewinnen wollen.

Die VARIO-Trennkost enthält Eiweißgerichte, Kohlenhydratgerichte und vegetarische Gerichte, kann von der ganzen Familie genutzt werden und beinhaltet einfach zuzubereitende Rezepte, nützliche Zusatzinfos über aktuelle Ernährungstrends und Rezepte für unterschiedliche Ernährungsansprüche wie z.B. für die LOW CARB- und/oder PALEO-Anhänger (z.B. Fleisch/Fisch/Ei mit Gemüse). Gleichzeitig kommen auch die VEGI-Fans auf Ihre Kosten, denn **alle Kohlenhydratgerichte, fast alle neutralen Gerichte** und **die Gerichte mit Ei und neutralen Zutaten sind gleichzeitig auch für Vegetarier sehr gut geeignet.** Bei allen Rezepten werden glutenfreie Nahrungsmittel verwendet.

Die Rezepte der VARIO-Trennkost können auch bei der STOFFWECHSEL-TYP-Ernährung eingesetzt werden. In der Regel enthalten die Trennkost- Eiweißrezepte in diesem Buch etwa 45-50% Eiweiß, 40% Fett und etwa 10% Kohlenhydrate, die Kohlenhydrat-Rezepte etwa 25% Eiweiß, 35% Fett und über 40% Kohlenhydrate. Damit passen sie in die gängigen Vorgaben zu diesen Ernährungsformen, wie ich sie in meinem mehrjährigen Kundenbetreuungen für Stoffwechseltypen erfahren, erarbeiten und erproben konnte. Weitere Rezepte zur Stoffwechseltypernährung plane ich in meinem nächsten Buch zu veröffentlichen.

Trennkost hat sich über viele Jahre bewährt

Entwickelt wurde das Trennkost-Ernährungskonzept in den zwanziger Jahren des letzten Jahrhunderts von dem amerikanischen Arzt Dr. Hay, der festgestellt hatte, dass der menschliche Körper die Nahrung schneller verdauen und besser verwerten kann, wenn Kohlenhydrate und Eiweiß **nicht** zusammen in einer Mahlzeit gegessen werden. In den letzten Jahrzehnten wurde das Hay'sche System von Therapeuten und Autoren immer wieder weiterentwickelt und der zeitgemäßen Küche von heute angepasst. Da die Ergebnisse hierzu auf teilweise unterschiedlichen Erfahrungswerten basieren, ergeben sich dadurch auch in manchen Bereichen unterschiedliche Ansichten bzw. Aussagen z.B. zur Gruppenzuordnung einiger Nahrungsmittel, wie z.B. beim Obst. Diese Gruppenzuordnungen sind nicht grundsätzlich richtig oder falsch, sondern zeigen, dass bei der Ernährung oft individuelle Verträglichkeiten vorhanden sind und berücksichtigt werden sollten.

Trennkost ist keine Diät, sondern eine empirisch entwickelte Ernährungsempfehlung, die zwar wissenschaftlich nicht in letzter Konsequenz beweisbar ist, aber in der Praxis bei vielen Menschen sehr gute Erfolge zeigt. Es gibt kein "Lex Trennkost" sondern eher Anleitungen, die auf Erfahrungen basieren.

Ich habe mich in den letzten 20 Jahren immer wieder mit der Trennkost-Ernährung beschäftigt und auch mehrere Trennkost Bücher geschrieben[1][2][3]. In dieser Zeit habe ich Trennkost immer wieder im Selbsttest mit anderen Ernährungsformen vergleichen können, wie z.B. Low Carb, typgerechte Ernährung oder Blutgruppenernährung.

Das überraschende Ergebnis meiner persönlichen langjährigen "Ernährungsstudie" ist, dass es mit der Trennkost am einfachsten ist, das Körpergewicht im Griff zu haben! Ein weiterer Pluspunkt ist, dass man nicht hungern muss, wenn man abnehmen möchte.

Bei der Umstellung auf die Trennkost kann man in einer Woche schnell mal 1-2 kg verlieren. **Das Abnehmen gelingt besonders leicht, wenn man überwiegend die Trennkost-Eiweißgerichte auswählt.** Dies ist besonders für die Eiweiß-Stoffwechseltypen ideal, die mit Kohlenhydraten besonders sparsam umgehen sollten. Wenn man dann das persönliche Wunschgewicht erreicht

---

[1] Johanna Handschmann, Trennkost leicht gemacht, Gräfe und Unser, 1998
[2] Johanna Handschmann, Trennkost vegetarisch, Gräfe und Unser, 2000
[3] Johanna Handschmann, Schnelle Trennkost, Gräfe und Unser, 2004

hat, kann man wieder Eiweiß- und Kohlenhydratgerichte im Wechsel genießen.

Bei der VARIO-Trennkost habe ich die klassischen Trennkost-Vorgaben nach aktuellen Erkenntnissen über gesunde Ernährung etwas variiert, indem ich z.B. nur glutenfreie Kohlenhydrate verwende, die für das Trennkost-Ernährungssystem besonders gut geeignet sind.

Eine andere Verbesserung gibt es für süße Eiweißgerichte: Süßungsmittel, die keine bzw. nur wenige Kalorien bzw. Kohlenhydrate enthalten und nicht wie normale Zucker verstoffwechselt werden: Erythrit und Xylit und Stevia. Damit können Kuchen und Desserts ohne Haushaltszucker auch als "Eiweißgerichte" zubereitet werden. In diesem Grundprogramm finden Sie auch ein Grundrezept für Muffins, das zu Eiweißgerichten passt. Mehrere Rezepte für Kuchen, Gebäck und Süßspeisen wird es dann im Band 2 geben.

So funktioniert die Trennkost

Bei der Trennkost geht es weniger um Mengenbeschränkung, sondern mehr um die Kombination der Nahrungsmittel.

Wichtig ist, bei den jeweiligen Mahlzeiten **vorwiegend eiweißhaltige** Zutaten von **vorwiegend kohlenhydrathaltigen** Lebensmitteln zu **trennen**, daher der Name **TRENN-KOST**. Lebensmittel, wie z.B. die meisten Gemüsearten, alle Salatgemüse, fettreiche Zutaten und gesäuerte Milchprodukte sind **neutral**, passen also immer, d.h. passen sowohl zu Eiweiß- als auch zu Kohlenhydrat-Gerichten.

Bei der Trennkost können Sie immer so viel essen, bis Sie satt sind. In der Regel sind die in dem Buch angegeben Rezeptmengen ausreichend für einen mittleren Kalorienbedarf. Wenn Sie von einer Portion nicht satt geworden sein sollten, erhöhen Sie prozentual etwas die Rezeptmengen, damit Sie für Ihren Grundkalorienbedarf passen. Wichtig dabei ist, dass Sie **alle im Rezept angegebenen Zutaten mit dem gleichen Anteil** erhöhen, d.h. nicht nur die Eiweiß- bzw. Kohlenhydrat-Portionen, sondern auch die begleitenden Salate- und Gemüse-Anteile.

Geben Sie nach dem Essen dem Körper Zeit zum Verdauen. Essen Sie nach kleinen Mahlzeiten erst nach etwa 2 Stunden und nach größeren Mahlzeiten erst nach 3-4 Stunden wieder etwas, damit der Magen in Ruhe verdauen kann. Desserts sind natürlich erlaubt, sie sollten jedoch zu der Hauptmahlzeit passen.

Trennkost hat viele Vorteile

1. Trennen entlastet den Stoffwechsel und fördert die Verdauung. Bei der herkömmlichen Ernährung werden in einer Mahlzeit eiweißreiche, fettreiche und kohlenhydratreiche Nahrungsmittel gegessen. Dadurch können auf Dauer Magen und Darm schwerer belastet werden als notwendig, was sich durch saures Aufstoßen, Magendruck, Völlegefühl und Müdigkeit nach den Mahlzeiten zeigen kann.

2. Trennkost unterstützt das Abnehmen, ohne dass man hungern muss.

3. Die Rezepte der Trennkost sind einfach und unkompliziert zuzubereiten, denn man spart Zeit, da ja bei jedem Essen eine Beilage weniger zubereitet werden muss.

4. Auch zuhause, im Restaurant oder bei Einladungen kann man unkompliziert nach den Trennkostregeln essen, indem man einfach die Speisen auswählt, die nach den Trennkostregeln zusammenpassen.

5. Trennkost fördert das individuelle Ernährungswissen und Ernährungsbewusstsein, da man sich durch die Nährstoff-Einteilungen ganz automatisch etwas mehr mit der Zusammensetzung der Nahrung beschäftigt. Dieses "Lernen" ist nicht schwierig, sondern geschieht quasi nebenbei, macht Spaß und fördert die Gesundheit.

6. Trennkost ist keineswegs nur für Fleischesser geeignet! Sie bringt auch nebenbei viele Rezeptkombinationen für Vegetarier. In diesem Buch habe ich die vegetarischen Rezepte speziell gekennzeichnet.

Trennkostgruppen in der Übersicht

Trennen auf einen Blick

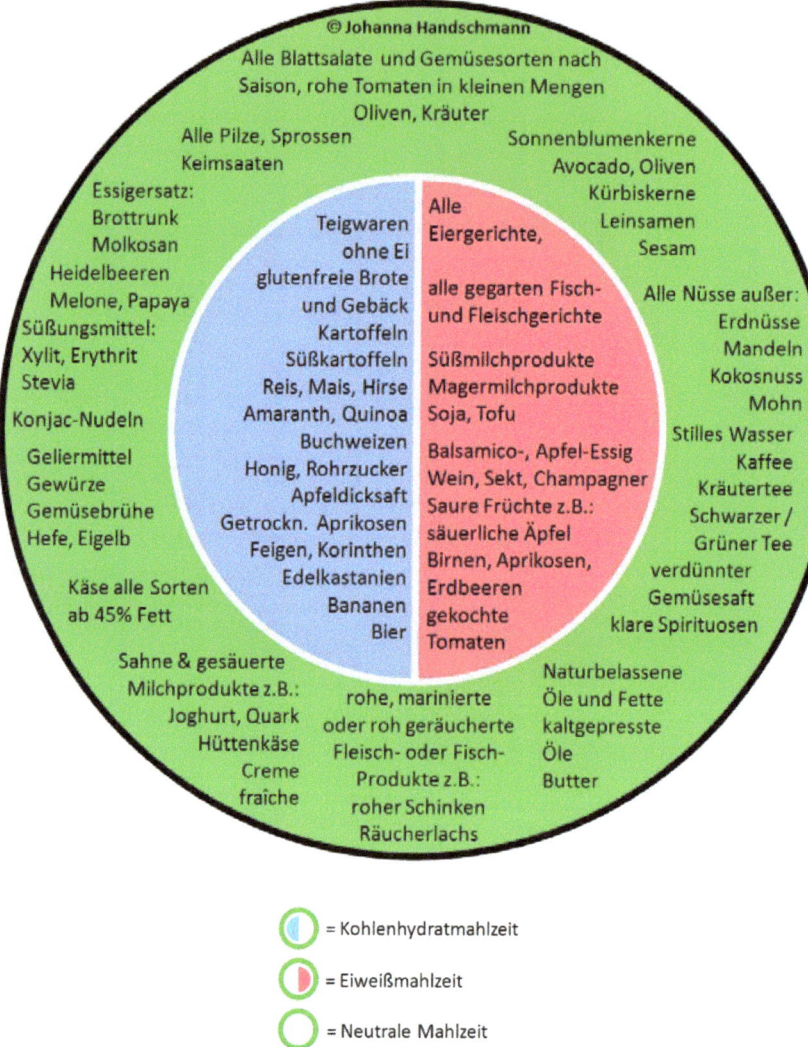

© Johanna Handschmann

Alle Blattsalate und Gemüsesorten nach Saison, rohe Tomaten in kleinen Mengen Oliven, Kräuter

Alle Pilze, Sprossen Keimsaaten

Sonnenblumenkerne Avocado, Oliven Kürbiskerne Leinsamen Sesam

Essigersatz:
Brottrunk
Molkosan
Heidelbeeren
Melone, Papaya
Süßungsmittel:
Xylit, Erythrit
Stevia

Konjac-Nudeln

Geliermittel
Gewürze
Gemüsebrühe
Hefe, Eigelb

Käse alle Sorten ab 45% Fett

Kohlenhydratmahlzeit:
Teigwaren ohne Ei
glutenfreie Brote und Gebäck
Kartoffeln
Süßkartoffeln
Reis, Mais, Hirse
Amaranth, Quinoa
Buchweizen
Honig, Rohrzucker
Apfeldicksaft
Getrockn. Aprikosen
Feigen, Korinthen
Edelkastanien
Bananen
Bier

Eiweißmahlzeit:
Alle Eiergerichte,
alle gegarten Fisch- und Fleischgerichte
Süßmilchprodukte
Magermilchprodukte
Soja, Tofu
Balsamico-, Apfel-Essig
Wein, Sekt, Champagner
Saure Früchte z.B.:
säuerliche Äpfel
Birnen, Aprikosen,
Erdbeeren
gekochte
Tomaten

Alle Nüsse außer:
Erdnüsse
Mandeln
Kokosnuss
Mohn

Stilles Wasser
Kaffee
Kräutertee
Schwarzer /
Grüner Tee
verdünnter
Gemüsesaft
klare Spirituosen

Sahne & gesäuerte
Milchprodukte z.B.:
Joghurt, Quark
Hüttenkäse
Creme
fraiche

rohe, marinierte
oder roh geräucherte
Fleisch- oder Fisch-
Produkte z.B.:
roher Schinken
Räucherlachs

Naturbelassene
Öle und Fette
kaltgepresste
Öle
Butter

= Kohlenhydratmahlzeit

= Eiweißmahlzeit

= Neutrale Mahlzeit

Auf der **Trennkost-Kombi-Scheibe** können Sie auf einen Blick sehen, welche Nahrungsmittelgruppen Sie bei der Trennkost kombinieren können. So können Sie auch leicht eigene Gerichte zusammenstellen und die Kombinationen in diesem Buch nachvollziehen. Genauere Informationen zu den Gruppen finden Sie auf den folgenden zwei Seiten.

Die Kombinationsübersicht soll Ihnen bei der Zusammenstellung und Auswahl passender Nahrungsmittel helfen. Wenn Sie persönliche Unverträglichkeiten gegen manche Nahrungsmittel bzw. Nahrungsmittelbestandteile haben, wie z.B. Laktose, Fruktose, bestimmte Nüsse, bestimmte Früchte, wählen Sie die für Sie passenden Alternativen.

Die Trennkost-Nahrungsmittel-Gruppen

Neutrale Gruppe

Reichlich zu verwenden
- Alle Blattsalate- und Gemüsesorten (außer Kartoffeln), alle Kräuter
- Melone, Papaya, Heidelbeeren
- Alle Pilze, Sprossen, Keimsaaten, Gewürze, Hefe, Geliermittel

In moderaten Mengen zu verwenden
- Avocado, Oliven , rohe Tomaten, Eigelb
- Sahne, alle **gesäuerten** Milchprodukte: wie Joghurt, Quark, saure Sahne, Creme fraîche, Schmand, Kefir, Dickmilch, Buttermilch
- **Essigersatz** für Kohlenhydrat-Salatsaucen: Molkosan und Brottrunk, milder Balsamico in kleinen Mengen (1-2 TL pro Person)
- Käse: **Alle weichen und mittelfesten Käsesorten über einem Fettgehalt von 45%-50 Fett i.Tr.**, z.B. Taleggio, Bel Paese, Gorgonzola, Roquefort, Emmentaler, Gruyere, Brie, Butterkäse, Camembert, Chester, Edamer, deutscher Gouda, Raclette, Tilsiter, Pecorino
- Hartkäse: Parmesan zählt auch noch zu der neutralen Gruppe, obwohl sein Fettgehalt bei 35% i.Tr. liegt, aber wegen des geringen Feuchtigkeitsgehalts trotzdem einen tatsächlichen Fettgehalt von 22g pro 100g hat. **Zur Orientierung: alle Käse, die einen effektiven Fettgehalt von über 20g pro 100g Käse enthalten, können zur neutralen Gruppe gerechnet werden**
- Alle Weißkäsesorten aus naturbelassener Milch, wie Frischkäse, Mozzarella, Ziegen- und Schafskäse, Feta, körniger Frischkäse (Hüttenkäse)
- Alle pflanzlichen und tierischen Fette: z.B. Butter, Butterschmalz, Gänseschmalz, Olivenöl, Kokosöl, Kokoscreme (kaltgepresste Öle bevorzugen)
- Alle Nüsse (außer Erdnüsse) und Samen, wie z.B. Sesam, Sonnenblumenkerne, Kürbiskerne
- Alle rohen und geräucherten Fleischsorten und Wurstzubereitungen, wie z.B. Tatar, Bündner Fleisch, roher Schinken, Lachsschinken, Salami
- Alle geräucherten oder rohen Fischsorten, wie z. B. Räucherlachs, Räucherforelle, Bückling, Schillerlocke, Matjes, Salzhering
- Süßungsmittel: Xylit und Erythrit, Stevia
- Verdickungsmittel: Johannisbrotkernmehl, Guakernmehl, Flohsamenschalen, Chiasamen Gelatine , Konjac Mehl (aus der Konjac-Wurzel)
- Konjac Nudeln (kohlenhydratfrei)

Kohlenhydrat-Gruppe

- Früchte: Bananen, süße, mürbe Äpfel, frische oder getrocknete Datteln und Feigen, ungeschwefelte Trockenfrüchte, z.B. Aprikosen, Pflaumen, Korinthen
- Zum Süßen: Honig, Ahornsirup, Rohrzucker, Apfel- und Birnendicksaft, Zuckerrohrgranulat, Reissirup
- Getreide glutenfrei: Buchweizen, Hirse, Mais, Reis, Wildreis, Amaranth, Quinoa, Hafer aus kontrolliertem Anbau ist nahezu glutenfrei, muss aber explizit gekennzeichnet sein
- Getreide glutenhaltig: Weizen, Dinkel, Grünkern, Roggen, Gerste, Kamut
- Teigwaren: alle **Teigwaren ohne Ei**, am besten aus glutenfreien Mehlen
- Kartoffeln, Süßkartoffeln, Edelkastanien, getrocknete Tomaten
- Verdickungsmittel: Kartoffelstärke, Maisstärke
- Außerdem: Backpulver, Puddingpulver
- Getränke: Bier, süße Säfte, Liköre

Eiweiß-Gruppe

- Fleisch, Wurst, Fisch und Krustentiere in gegartem Zustand
- Eier, Eiweiß
- Alle Süßmilch- und Magermilchprodukte
- Käse: alle fettarmen "light" Käsesorten von weicher oder halbfester Konsistenz und einem Fettgehalt von unter 45 %, z.B. Limburger 20%, Camembert 30 %, Butterkäse 30%, Schmelzkäse 30 %, Tilsiter 30%, Toast-Scheibletten, Handkäse
- Früchte: Alle säurereichen Früchte, außer die bei den Kohlenhydraten genannten ausgesprochen süßen Früchte
- Säuerungsmittel für Salatsaucen: Milde Essigsorten, wie z.B. Balsamico-, Apfel- oder Himbeeressig, Zitronensaft
- Sojaprodukte, wie Tofu und alle daraus hergestellten Produkte

Bitte beachten Sie:
- Weißen Zucker und gehärtete Fette möglichst meiden
- Hülsenfrüchte, Eiernudeln und Marmelade aus säurereichen Früchten mit Haushaltszucker passen nicht zur Trennkost. Diese Nahrungsmittel können gelegentlich außerhalb des Trennkostplanes gegessen werden

Die Kohlenhydrat-Pyramide

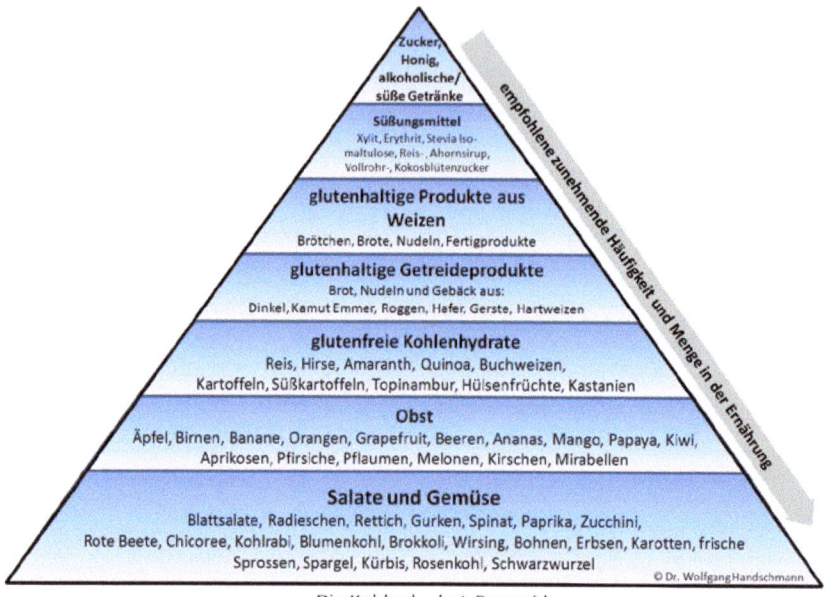

Die Kohlenhydrat-Pyramide

Überblick über gute und schlechte Kohlenhydrate

Kohlenhydrate gehören neben Eiweiß und Fett zu den Makronährstoffen in unserer Ernährung. Sie stellen die Quelle allen Lebens dar: Sie entstehen in der Photosynthese, in der aus anorganischen energiearmen Verbindungen unter Einwirkung von Sonnenlicht und Blattgrün organische energiereiche Strukturen gebildet werden, die Mensch und Tier als wichtige Ernährungsbestandteile dienen.

Kohlenhydrate sind grundsätzlich wichtig und positiv, wenn sie in den richtigen Mengen verwendet werden. Sie haben unterschiedliche Erscheinungsformen: vom süß schmeckenden Obst oder Zucker über die ballaststoffhaltigen grünen Salate und bunten Gemüse bis hin zum stärkehaltigen Getreide.

Das Problem ist heute, dass zuviel von den ungünstigen Kohlenhydraten, wie Zucker und Getreide und zu wenig von den wichtigen ballaststoffreichen gesunden Kohlenhydraten verzehrt wird.

In der obenstehenden Kohlenhydrat-Pyramide können Sie sehr übersichtlich erkennen, welchen "Ranglistenplatz" die unterschiedlichen Kohlenhydrate für eine optimale Ernährung einnehmen sollten. Sie können daraus ableiten, welche kohlenhydrathaltigen Nahrungsmittel Sie **reichlich** und welche in **geringeren Mengen** in Ihrer Ernährung verwenden sollten. Diese Übersicht dient zu Ihrer Information und zum besseren Verständnis meiner Empfehlungen. Gemüse und Obst können in größeren Mengen gegessen werden, wobei Obst wegen des enthaltenen Fruchtzuckers erst an zweiter Stelle steht.

Je kleiner die Felder auf der Pyramide, umso vorsichtiger sollten Sie mit der Auswahl der jeweiligen Lebensmittel sein.

Generell sollten die stärkehaltigen Kohlenhydrate mit Bedacht und in der richtigen Menge ausgewählt werden.

Auf der weiter vorne dargestellten **Trennkost-Kombi-Scheibe** finden Sie die positiven Kohlenhydrate in dem neutralen (grünen) Auswahlbereich mit aufgeführt.

Warum Glutenfrei?

Heute haben immer mehr Menschen Probleme mit der Verdauung von bestimmten Getreidesorten, wie z.B. von Weizen. Der Grund dafür ist meist eine mehr oder weniger stark ausgeprägte Unverträglichkeit gegenüber dem Klebereiweiß (Gluten). Auch mehren sich die Meinungen bei Ärzten bzw. Therapeuten, dass ein zu hoher Verzehr von glutenhaltigem Getreide nicht nur die Verdauung stören, sondern sich auch negativ auf die Gesamtgesundheit auswirken kann und vor allem degenerative Erkrankungserscheinungen fördern könnte.

Da meiner Meinung und Erfahrung nach glutenfreie Ernährung leicht zu realisieren ist und die stoffwechselfördernde Trennkost optimal ergänzen kann, möchte ich Ihnen in diesem Büchlein diesen Zusatzservice bieten. Probieren Sie die glutenfreie Ernährung mit diesem Programm einfach mal aus und beobachten Sie sich, wie Sie sich damit fühlen.

Eine kleine Übersicht über die wichtigsten glutenhaltigen und glutenfreien Produkte:
Glutenhaltige Getreide bzw. Mehle:
Weizen, Dinkel, Grünkern,Roggen, Gerste
Glutenarme Getreide bzw. Mehle:
Emmer, Kamut, Hafer aus kontrolliertem Anbau
Glutenfreie Produkte bzw. Mehle:
Reis, Mais, Hirse, Buchweizen, Amaranth, Quinoa, Chiasamen

Inzwischen gibt es ein großes Angebot an glutenfreien Produkten in Supermärkten, Drogerie-Märkten, Reformhäusern und Bio-Märkten, wie z.B. Brote, Brötchen, Mehlmischungen und Nudeln. Im Internet gibt es einige Firmen, die sehr gute Backmischungen und auch fertige Produkte anbieten. Und für alle die gerne backen, gibt es Rezepte zum Selbermachen. Auf Seite 23 finden Sie ein Brötchenrezept und auf Seite 25 ein Muffinrezept. In Band 2 werde ich Ihnen weitere Rezepte für süße und pikante Gebäcke vorstellen.

So funktioniert das 14-Tage-Programm

Bei der Trennkost können Sie 4-5 Mahlzeiten pro Tag essen. Die einzige "Spielregel" ist, dass Sie pro Mahlzeit folgende Kombinationen einhalten:

- *entweder* nur vorwiegend eiweißhaltige Lebensmittel kombiniert mit neutralen Lebensmitteln
- *oder* vorwiegend kohlenhydrathaltige Lebensmittel kombiniert mit neutralen Lebensmitteln
- *oder* nur neutrale Lebensmittel

In der Praxis heißt dies, dass Sie entweder Fleisch, Fisch oder Eier kombiniert mit Salaten, Gemüsen oder gesäuerten oder fetten Milchprodukten in einer Eiweißmahlzeit essen können.

Die Alternative bedeutet, dass Sie Kartoffeln, Nudeln oder andere Kohlenhydrathaltige Lebensmittel auch nur jeweils mit Salaten, Gemüsen oder gesäuerten oder fetten Milchprodukten kombinieren sollten.

Damit der Einstieg in diese Ernährungsform leicht fällt, ist in dem 14 Tage-Programm alles vorgegeben: Sie finden für jeden Tag ein **Eiweißgericht/Low Carb** und ein **Kohlenhydratgericht** oder **ein neutrales Gericht**. Zu den neutralen Gerichten können Sie entweder eiweißhaltige oder kohlenhydrathaltige Zutaten kombinieren. Die **Hauptgerichte** können Sie auch untereinander austauschen, Je nach Ihren persönlichen Vorlieben. Sie können auch die Abfolge der Tage austauschen. Wählen Sie die Rezepte aus, auf die Sie Appetit haben.

Für **Frühstück, Zwischenmahlzeiten und Getränke** wählen Sie aus den Angeboten auf den Seiten 22-26 aus.

Bei vielen Rezepten gibt es zusätzlich Tipps für Varianten, wie man die Rezepte mit anderen Zutaten abwandeln kann. So können Sie bei Wiederholung des Programms immer wieder abwechslungsreich essen. Zusätzlich gibt es Tipps für Berufstätige, welche Gerichte zum Mitnehmen geeignet sind.

Sie können dieses Programm beliebig oft wiederholen, bis Sie Ihr Traumgewicht erreicht haben.

Sie können jederzeit mit dem 14-Tage Programm beginnen. Ideal ist es, wenn Sie vor dem Start einen Schalttag einlegen, an dem Sie entweder nur Obst, Säfte, Reis oder Quark essen.

Sie können das Programm der Reihe nach durchprobieren oder aber auch bestimmte Tage auswählen oder wiederholen.

Die Zutaten für die Rezepte sind einfach und preiswert. Auf der nächsten Seite finden Sie eine Vorratsliste für die häufig verwendeten Grundzutaten. Sie brauchen dann nur noch die frischen Zutaten für die einzelnen Rezepte zu besorgen.

Bitte beachten Sie!

Alle Rezepte (außer Lauchquiche und Pesto)

sind für eine Portion beschrieben.

Sollten Sie mit diesen Mengen nicht satt werden erhöhen Sie die Mengen einfach um 5 oder 10% und finden Sie so Ihre persönliche Menge.

Wichtige Grundregel dabei:

Sie sollten nur so viel essen, bis Sie satt sind und das Sättigungsgefühl sollte etwa 3-4 Stunden anhalten.

Vorräte, die Sie im Hause haben sollten

Gewürze: Natursalz, wie z.b. Meersalz, Himalaja-Salz, Steinsalz, Pfeffer aus der Mühle (am besten verschiedenfarbige Pfefferkörner gemischt), Currypulver- oder -paste, Muskatnuss, Senf, milde säurearme Essigsorten, wie z.b. Aceto Balsamico, Molkosan (neutrales Säuerungsmittel, ideal für Kohlenhydratgerichte), Zitronen, Instant Gemüsebrühe.

Frische Kräuter: Schnittlauch, glatte und/oder krause Petersilie, Basilikum, Thymian, Salbei, Rosmarin, Kresse.

Fette/Öle: Butter und kaltgepresstes Olivenöl für die kalte Küche und zum schonenden Dünsten.

Butterschmalz (Ghee), Kokosöl, Traubenkernöl oder hitzestabile Öle zum Braten bei höheren Temperaturen.

Milchprodukte: Hüttenkäse, Quark, Joghurt 3,5% oder besser Sahnejoghurt (Griechischer Joghurt) , Sahne, Milch Pecorino, Parmesan, Käsesorten über 45% Fett i.Tr. (z.B. Emmentaler, Mozzarella, Butterkäse), Creme fraîche, saure Sahne ab 30% Fett.

Obst: Bananen, Früchte je nach Saison, Trockenobst in kleinen Mengen

Gemüse: Schalotten bzw. kleine Zwiebeln, Knoblauch, Blattsalate, Tomaten, Paprikaschoten, Möhren, Zucchini, Lauch, Tiefkühlerbsen.

Getreide: Reis, Hirse, glutenfreie Nudeln ohne Ei, Kartoffelstärke oder Maisstärke, glutenfreie Brote bzw. -brötchen zum Aufbacken oder als Trockenbrot (Knäckebrot), glutenfreie Mehlmischungen.

Sonstiges: Eier, Nüsse, Xylit oder Erythrit (Süßungsmittel ohne Insulinreaktion, ideal für Eiweißgerichte), brauner Zucker, Ahorn- oder Reissirup. Die neuen Süßungsmittel bekommen Sie zu fairen Preisen im Internet-Fachhandel.

Kohlenhydrat-Frühstück und Zwischenmahlzeiten

Obstfrühstück mit Banane und Kokos

- Vegetarisch

1 Banane schälen und in einem Schälchen zerdrücken.
1-2 EL Sahnejoghurt und
1 -2 EL Kokosflocken unterrühren

Honigbrötchen

- Vegetarisch

1 glutenfreies Brötchen halbieren.
Beide Hälften mit 1 EL Butter und Honig bestreichen.

Brot mit Hüttenkäse

- Vegetarisch

2 Scheiben glutenfreies Vollkorn- oder Mischbrot mit je
1 EL Quark oder Hüttenkäse bestreichen.
Mit Salz und fein gehackten Kräutern bestreuen.
Nach Belieben mit einigen **Tomaten-, Gurken- oder Avocadoscheiben** garnieren.

Kohlenhydrat-Müsli mit Banane und Trockenfrüchten

- Vegetarisch

100-150 g Joghurt oder Sahnejoghurt mit
3-4 EL Hirseflocken oder Braunhirse verrühren.
1 kleine Banane schälen und fein schneiden.
Banane, **1 EL gehackte Nüsse und 1 TL Rosinen** oder **Datteln** einrühren.

Schnelle Baguettebrötchen mit Chiasamen

- Kohlenhydratgericht
- Vegetarisch

250 ml lauwarmes Wasser
10 g Trockenhefe oder 20 g Frischhefe
1 Prise Zucker
In einer Schüssel Wasser mit Hefe und Zucker verrühren.

500 g glutenfreie Backmischung für Brote bzw. Brötchen
1 TL Salz
1 TL Flohsamenschalen
1 TL Chiasamen
Backmischung in einer Schüssel mit Salz und den Samen mischen und in das Hefewasser einrühren. Den Teig etwa 3-4 Minuten mit den Knethaken des Handrührgeräts zu einem geschmeidigen Teig verarbeiten. Sollte er zu fest sein noch wenig Wasser einarbeiten.

Den Backofen auf 50°C einstellen. Ein Backblech bereitstellen und mit Backfolie auslegen.

Mit einem in Wasser getauchten Eisportionierer oder Esslöffel aus dem Teig kleine Kugeln abstechen und diese jeweils zwei nebeneinander auf das Blech legen.

1 TL Olivenöl, in etwas warmem Wasser verrühren
Die Teiglinge mit der Wasser-Öl-Mischung bestreichen und die Teigportionen im Backofen bei 50°C etwa 30 Minuten gehen lassen.

Nochmal mit Wasser-Öl-Mischung bestreichen und den Backofen auf 180°C (Umluft 160°C, Gas Stufe 2-3) hochdrehen.

Die Brötchen in 25-30 Minuten goldbraun backen.

Tipp:

Diese Brötchen können Sie auch auf Vorrat backen. Sie lassen sich gut einfrieren und sind schnell wieder aufgebacken.

Eiweiß-Frühstück und Zwischenmahlzeiten

Rührei mit Pilzen

- Vegetarisch
- Varianten mit Tomaten, Käse, Schinken, Lachs

1-2 Eier mit 2-3 EL Milch oder Sahne verquirlen.
4-5 Champignons putzen, kurz abbrausen und in Scheiben schneiden
1 EL Butter in einer beschichteten Pfanne erhitzen, die Pilze dazugeben und einige Minuten andünsten. Die Eimasse hinein gießen und
1-2 TL gehackten Schnittlauch darüber streuen. Das Omelett bei schwacher Hitze stocken lassen.
Das Omelett auf einen Teller geben und nach Belieben noch mit etwas **Schinken oder Räucherlachs** kombinieren.
Nach Belieben noch mit zusätzlichen Kräutern oder Tomaten garnieren.

Avocado-Eiersalat mit Kräutern vegetarisch

- Vegetarisch

1 Ei in 5-7 Minuten fest kochen. Danach abschrecken und in Scheiben schneiden.
1 kleine Avocado schälen, vom Kern drehen und würfeln. Avocado- und Ei vermischen und mit **Salz und Pfeffer** würzen.
1 EL Kresse oder Schnittlauchröllchen darüber streuen.

Eiweiß-Müsli

- Vegetarisch

100-150 g beliebiges Obst (außer Bananen und süßen Äpfeln) waschen, je nach Sorte schälen, und in Spalten oder Stücke schneiden.
1 Becher Sahnejoghurt und
1-2 EL beliebige Nusskerne oder 1-2 EL feingemahlene Nüsse (wie z.B. Mandelmehl oder Kokosflocken) untermischen

Biskuit-Mandelmuffins (ohne Haushaltszucker)

- Eiweißgericht/Low Carb
- Vegetarisch

2 Eier
60 g Erythrit oder 40 g Xylit
Eier mit 1-2 EL heißem Wasser in 1-2 Minuten schaumig rühren. Süßungsmittel dazugeben und 2-3 Minuten weiterschlagen, bis sich die Kristalle aufgelöst haben.

100 g fein gemahlene geschälte Mandeln
1 TL Kokosmehl
1 TL abgeriebene Schale einer Bio-Zitrone
Gemahlene Mandeln mit Kokosmehl, und Zitronenschale vermischen und löffelweise unter die cremige Eimasse heben.

10 kleine Muffinförmchen
2-3 EL gewürfelte Früchte, wie z.B. Aprikosen oder Zwetschgen
Den Backofen auf 180°(Umluft 160°, Gas Stufe 2-3) vorheizen.
Auf einem Blech die Muffinförmchen bereitstellen. Mit einem Löffel Teigportionen in die Förmchen setzen, dabei die Formen nur maximal zu ¾ füllen.
Früchtewürfel nicht zu dicht auf den Teig setzen und die Muffins auf der mittleren Schiene des Backofens 15-20 Minuten backen.

Extras /Zwischenmahlzeiten

Wenn Sie die "Extras" kurz **vor oder nach** den Hauptmahlzeiten essen wollen, wählen Sie diese aus der gleichen oder der neutralen Gruppe.

Neutrale Gruppe

Joghurt, Milch, Mandeln, Kürbiskerne, Nüsse (außer Erdnüsse), Oliven, rohes Gemüse zum Knabbern

Kohlenhydrat-Gruppe

Bananen, Rosinen, Trockenfrüchte, Knäckebrot, Vollkornbrot mit Butter oder Honig, Brezeln. Wenn gewünscht kombiniert mit Nahrungsmittel aus der Neutralen Gruppe, z.B. Brezel oder Brot mit rohem Schinken

Eiweiß-Gruppe

Saure Früchte nach Saison wie z.B. Birnen, Orangen, Erdbeeren, Himbeeren. Wenn gewünscht kombiniert mit Nahrungsmittel aus der Neutralen Gruppe

Die Mengen für Zwischenmahlzeiten sollten etwa eine "Handtellergröße " haben.

Getränke

Als neutrales Basisgetränk ist **Wasser ohne Kohlensäure** zu empfehlen. Trinken Sie etwa 2-3 Liter Wasser pro Tag. Zusätzlich passen folgende Getränke zu den einzelnen Mahlzeiten:

- Zum Frühstück Kaffee, Schwarztee, Matetee, Kräutertee ohne Fruchtsäure. Zum Kohlenhydrat-Frühstück können Sie Ihre Getränke mit etwas Honig oder Zucker süßen.

- Zu Eiweißmahlzeiten passen verdünnter Gemüse- oder Obstsaft, Sekt oder Wein in kleinen Mengen und Kräutertees.

- Zu Kohlenhydratmahlzeiten passen Kräutertees ohne Fruchtsäure, Mate-Tee, Schwarztee, Bier und fruchtiger Rotwein in kleinen Mengen.

1.Tag

Bunter Salat mit Pute

Brot mit Käsecreme

Bunter Salat mit Pute

- Eiweißgericht/Low Carb
- Varianten mit anderen Fleischsorten und Salatzutaten
- Vegetarische Variante mit Ziegenkäse oder anderen Käsesorten und Molkosan

50 g Salatblätter
60 g BIO-Salatgurke
50 g gelbe Paprikaschote
1-2 TL milder Essig oder Molkosan
1 EL Olivenöl, Salz
Salatblätter waschen und abtropfen lassen. Gurke waschen und in feine Streifen oder Scheiben hobeln. Paprikaschote waschen und würfeln. Die zerkleinerten Zutaten in eine Schüssel geben und mit Essig, Olivenöl und etwas Salz vermischen.

1 Lauchzwiebel
1 kleiner Zucchini
100 g Putenfleisch (z.B. Schnitzel)
1 TL Butterschmalz oder Kokosöl
Lauchzwiebel und Zucchini waschen, putzen und fein schneiden. Das Fleisch in Würfel oder Streifen schneiden. Butterschmalz oder Öl erhitzen und das Fleisch darin 1-2 Minuten unter Rühren anbraten.

1 EL Balsamico-Essig
1 EL Salatkräuter, frisch gehackt
Zucchini und Lauchzwiebeln dazugeben und 2-3 Minuten weiterdünsten. Mit dem Balsamico-Essig ablöschen und mit Salz und Pfeffer würzen. Die Fleisch-Gemüsemischung auf dem Salat verteilen. Die Kräuter darüber streuen.

Tipp fürs Mitnehmen:
Fleisch-Gemüse-Mischung mit der Sauce in eine Schüssel mit dichtschließendem Deckel geben. Die Salatblätter lose darauf geben und erst kurz vor dem Verzehr durch Schütteln der geschlossenen Dose vermischen.

Glutenfreies Brot mit Käsecreme

- Kohlenhydratgericht
- Vegetarisch

Einige Schnittlauchhalme
50-60 g Doppelrahm-Frischkäse (z.B. Philadelphia)
Salz, Pfeffer
Schnittlauch waschen und fein schneiden. Die Schnittlauchröllchen in den Frischkäse einrühren. Mit Salz und Pfeffer würzen.

2 Scheiben glutenfreies Vollkornbrot oder 1 Brötchen (ca. 60-80 g)
1 Tomate oder 4-6 Kirschtomaten
Die Brotscheiben oder Brötchenhälften mit der Käsecreme bestreichen. Tomate waschen und in Scheiben oder Achtel schneiden, dabei den Strunkansatz entfernen. Die Brote mit den Tomaten garnieren.

Tipp:
Anstelle von Tomaten passen auch Radieschen oder Gurkenscheiben

Tipp fürs Mitnehmen:
Die Brote mit der Creme bestreichen, zusammenklappen und verpacken. Die Tomaten dazu essen.

2.Tag

Brokkoli-Omelett

Pizzatoast

Brokkoli-Omelett

- Eiweißgericht/Low Carb
- Vegetarisch
- Varianten: Anstelle von Brokkoli passen auch anderen Gemüsesorten, wie z.b. Spinat, Pilze, Blumenkohl

1-2 Schalotten
1 EL Butterschmalz
Schalotten schälen, halbieren und fein schneiden. In einer **beschichteten** Pfanne das Fett erhitzen und die Schalotten darin goldgelb dünsten.

200 g Brokkoli
waschen, von dem Kopf die benötigte Menge abtrennen und längs in etwa 1 cm dicke Scheiben schneiden. Diese in die Pfanne geben, 1 Tasse Wasser angießen und zugedeckt in etwa 10 Minuten weich dünsten. Die Flüssigkeit soll am Ende komplett verdunstet sein.

2 Eier
½ Tasse Sahne oder Milch
Salz, Pfeffer, Muskat
20 g Pecorino oder Parmesan, frisch gerieben
Eier in eine kleine Schüssel aufschlagen und mit Sahne oder Milch verquirlen. Mit Salz, Pfeffer und Muskat würzen. Den Käse dazugeben.

1 TL Butterschmalz
zu dem Gemüse in die Pfanne geben.
Die Eimischung über das Gemüse gießen und **zugedeckt** bei mittlerer Hitze in etwa 5 Minuten stocken lassen, dabei die Pfanne gelegentlich schütteln, damit das Omelett nicht anhängt.

Tipp fürs Mitnehmen:
Das Omelett vor dem Verpacken abkühlen lassen und in eine flache Picknickschale geben.

Pizzatoast

- Kohlenhydratgericht
- Vegetarisch
- Varianten: mit anderen Gemüsesorten, wie z.B. Spinat, Pilzen

2 Scheiben glutenfreies Toastbrot (ca. 60-80 g)
1-2 Schalotten
100 g Zucchini
Brotscheiben toasten. Schalotten schälen und fein würfeln. Zucchini waschen und in kleine Würfel schneiden.

1 EL Olivenöl
je 1 Prise Salz, Thymian und Oregano
Öl erhitzen und Schalotten darin leicht andünsten. Zucchini dazugeben und bei schwacher Hitze etwa 3-4 Minuten dünsten. Mit Salz, Thymian und Oregano würzen.

1 Tomate
30-40 g Mozzarella oder Gouda
1 Zweig Petersilie oder Basilikum
Tomate waschen und in Würfel schneiden. Käse fein würfeln. Tomate und Mozzarella mit dem Gemüse vermischen, auf den Toastscheiben verteilen und für 5 Minuten unter dem Grill überbacken.
Petersilie waschen und die Toastscheiben damit garnieren.

3. Tag

Frikadellen mit Bohnensalat

Pellkartoffeln mit Quark

Frikadellen mit Bohnen-Möhrensalat

- Eiweißgericht/Low Carb

Für den Salat:
200 g grüne Bohnen und 100 g Möhren
Bohnen und Möhren waschen und putzen. Möhren in Scheiben und Bohnen in Stücke schneiden. 1-2 Tassen Wasser in einem Topf mit etwas Salz zum Kochen bringen und die Gemüse darin in etwa 20 Minuten nicht zu weich kochen. Das Wasser zum Ende der Kochzeit reduzieren.
1-2 Schalotten
1 TL Essig, Salz, Pfeffer
1 EL Olivenöl
4-5 Blätter Basilikum
Die Schalotten schälen und würfeln. Mit Essig, Salz, Pfeffer und Öl in eine Schüssel geben. Die gekochten Gemüse mit der Marinade vermischen. Das Basilikum in Streifen schneiden und dazugeben.

Für die Frikadellen:
1-2 Schalotten
150 g Hackfleisch vom Rind, Schwein oder Pute
1 kleines Ei
etwa 50 g fein geraspelte Zucchini oder Möhre
1 EL gehackte Petersilie, Salz, Pfeffer
2 TL Butterschmalz oder Kokosöl
Schalotten schälen und fein hacken. Hackfleisch mit Ei, Schalotten, Zucchini oder Möhre und Petersilie mischen. Mit Salz und Pfeffer würzen. Aus der Masse 2-3 Küchlein formen. In einer Pfanne Fett oder Öl erhitzen und die Frikadellen von beiden Seiten goldbraun braten.

Info: Die feingeraspelten Gemüse werden hier anstelle von eingeweichten Brötchen zum Lockern verwendet.

Tipp:
Dieses Gericht ist perfekt zum Mitnehmen geeignet. Den Salat in eine Transportbox geben und Frikadellen obenauf legen.

Pellkartoffeln mit Kräuterquark

- Kohlenhydratgericht
- Vegetarisch

250 g mehlig-festkochende Kartoffeln
Die Kartoffeln waschen und in wenig Wasser oder im Dampf etwa 20-30 Minuten garen.

125 g Quark
1 EL Sahne oder Olivenöl
Salz, Pfeffer
70 g Bio-Salatgurke
2 große Zweige Dill oder 1/2 Bund Schnittlauch
Quark mit Sahne oder Öl, Salz und Pfeffer glattrühren. Gurke waschen und mittelgrob raspeln. Dill oder Schnittlauch waschen und fein schneiden. Gurke und gehackte Kräuter in den Quark einrühren.
Kartoffeln pellen und zusammen mit der Quarkcreme servieren.

Tipp fürs Mitnehmen:
Kombinieren Sie die Quarkcreme statt der Kartoffeln mit glutenfreiem Brot Ihrer Wahl oder mischen Sie die Kartoffeln fein geschnitten unter den Quark, dann haben Sie einen saftigen Quark-Kartoffelsalat.

4. Tag

Kabeljau mit Pesto und buntem Salat

Spaghetti mit Pesto

Kabeljau mit Pesto und buntem Salat

- Eiweißgericht/Low Carb
- Varianten: mit anderen Salatzutaten und Fischsorten

50 g Blattsalat
20 g Rukolablätter
1 Tomate
½ kleine rote Bete gekocht
1-2 TL Zitronensaft oder milder Essig
1 EL Olivenöl
Salz, Pfeffer
Salatblätter waschen und abtropfen lassen. Tomate waschen, in Achtel oder Scheiben schneiden. Rote Bete in feine Scheiben schneiden. Zitronensaft oder Essig, Öl, Salz und Pfeffer in einer Schüssel verrühren. Salatzutaten dazu geben und vermischen.

120-150 g Kabeljau oder anderes Fischfilet
1 TL Zitronensaft
Salz
1-2 TL Butterschmalz
1 EL Pesto
Fischfilet abspülen, trockentupfen, mit dem Zitronensaft beträufeln und salzen.
In einer beschichteten Pfanne Butterschmalz erhitzen und das Fischfilet darin auf jeder Seite je nach Dicke 3-4 Minuten braten.
Pesto auf den Fisch träufeln und mit dem Salat anrichten.

Spaghetti mit Pesto

- Kohlenhydratgericht
- Vegetarisch

60 g glutenfreie Spaghetti ohne Ei z.B. aus Reis- oder Mais, Salz
2 l Wasser zum Kochen bringen, salzen und die Nudeln in 8-10 Minuten darin "al dente" garen. Dabei ab und zu umrühren.
Die Nudeln abschütten und auf einen tiefen Teller geben
1-2 EL Pesto (siehe untenstehendes Rezept)
1-2 EL Nudelwasser
Frische Basilikumblätter
Pesto und Nudelwasser auf die Nudeln geben und mit einer Gabel leicht einrühren. Mit einigen frischen Basilikumbättern garnieren
Tipp: Dazu passt gut ein bunter Salat

Pesto selbstgemacht für 2 Portionen

- Variante mit Bärlauch, Petersilie oder Rukola
- Zum Aufbewahren im Kühlschrank

1 Knoblauchzehe schälen, fein schneiden,
mit **1 TL Salz** vermischen und mit einem Messer zerdrücken
40-50 g frische Basilikumblätter
waschen und gut abtropfen lassen bzw. mit einem Küchentuch abtupfen.
Mit einem Messer grob zerkleinern.
75 ml Olivenöl
1 TL Parmesan, frisch gerieben
1 EL Pinien- oder Sonnenblumenkerne, frisch geröstet
Für das Pesto Basilikum mit Öl, Parmesan und Pinienkernen im Mixgerät oder in einem Mörser fein zerkleinern. Zerdrückte Knoblauchzehe dazugeben und das Pesto in ein Schraubglas (etwa 150 ml) füllen.

Tipp: Bereiten Sie vom Pesto am besten die doppelte oder mehrfache Menge zu. Größere Mengen lassen sich leichter, bzw. gleichmäßiger vermixen. Sie können das Pesto sehr gut in einem Schraubglas im Kühlschrank aufbewahren und für viele andere Gerichte verwenden. Bedecken Sie die Oberfläche immer mit etwas Olivenöl.

5. Tag

Steakwürfel mit mediteranem Gemüse

Rösti mit Käse

Steakwürfel mit mediterranem Gemüse

- Eiweißgericht/Low Carb
- Variante mit anderen Gemüsesorten (z.b. Brokkoli, Möhren) oder mit Geflügelfleisch

100 g Zucchini,
100 g rote Paprikaschote
1 Schalotte
2 TL Olivenöl
Salz, Pfeffer
Zucchini und Paprikaschote waschen und in Streifen oder Würfel schneiden. Schalotte fein schneiden. 1 TL Öl erhitzen, die Gemüse darin unter Rühren kurz andünsten und bei mittlerer Hitze 3-4 Minuten weiterbraten. Mit Salz und Pfeffer würzen.

1 Rinder- oder Kalbssteak
2-3 EL Sahne
1-2 TL Senf
1 EL gehackter Schnittlauch, ersatzweise Petersilie
Das Fleisch in Würfel schneiden. In einer zweiten Pfanne das restliche Öl erhitzen und das Fleisch von beiden Seiten 4-5 Minuten anbraten. Mit 1 Tasse Wasser ablöschen. Sahne, Senf und Schnittlauch einrühren, salzen und abschmecken.

Tipp:
Das Rezept schmeckt auch gut mit Hackfleisch.

Rösti mit Käse

- Kohlenhydratgericht
- Vegetarisch

3 gekochte, abgekühlte Pellkartoffeln
oder 3 rohe Kartoffeln (etwa 200 g)
Salz, Pfeffer
1 EL gehackte Petersilie oder Schnittlauch
Die Kartoffeln schälen und auf einer Reibe grob raspeln oder in feine Stifte (Juliennes) schneiden. Mit Salz, Pfeffer und Petersilie vermischen.

1 EL Butterschmalz
20 g Emmentaler, frisch gerieben
Butterschmalz   in einer beschichteten Pfanne erhitzen. Die Hälfte der Kartoffeln in die Pfanne geben, gleichmäßig verteilen und leicht festdrücken. Den Käse darauf verteilen und die restlichen Kartoffeln darüber schichten. Das Rösti mit dem Bratenwender leicht andrücken und bei niedriger Hitze in etwa 5 Minuten auf einer Seite knusprig braten.
Das Rösti mit Hilfe eines Tellers wenden und auf der anderen Seite knusprig braten.
Bei Verwendung von rohen Kartoffeln ist die Bratzeit etwas länger, etwa 10 Minuten pro Seite.

Tipp:
Die klassische Rösti-Zubereitung geht am schnellsten mit gekochten Kartoffeln. Wenn man keine gekochten Kartoffeln vorrätig hat, kann man auch rohe Kartoffeln verwenden. Diese sollten festkochend bzw. vorwiegend festkochend sein. Rohe Kartoffeln lassen sich am besten auf einem Julienne-Hobel in feine Stifte schneiden.

Beilagentipp:
Dazu passt sehr gut ein kleiner Beilagensalat oder etwas Gemüse.

6. Tag:

Goulasch mit Gemüse

Brötchen mit Avokado

Goulasch mit Gemüse

- Eiweißgericht/Low Carb
- **Vegetarische Variante**: Anstelle von Fleisch mit Pilzen
- Varianten mit anderen Gemüsesorten nach Saison, wie z.b. Kürbis, Spargel, Wirsing, Weißkohl.

2-3 Schalotten
1 Knoblauchzehe
1 mittelgroße Möhre oder 4-5 Blumenkohlröschen
1 Tasse grüne Erbsen (frisch oder TK)
Schalotten und Knoblauch schälen und würfeln. Möhre waschen und bürsten oder schälen und in dünne Scheiben schneiden. Blumenkohl in kleine Röschen teilen. Erbsen vorbereiten.

1 EL Butterschmalz
erhitzen, Schalotten und Knoblauch darin goldbraun braten. Möhren oder Blumenkohl und Erbsen dazugeben, mit einer Tasse Wasser aufgießen und 10- 15 Minuten dünsten lassen.

100 g Schweine- oder Putenschnitzel oder Rindersteak
2-3 Champignons
1 EL Olivenöl
Fleisch in dünne Scheiben oder kleine Würfel schneiden. Champignons putzen und in feine Scheiben schneiden.
In einer zweiten Pfanne das Fleisch in dem Öl kurz anbraten, dann Pilze dazugeben und noch 4-5 Minuten dünsten.

1 Tomate
Salz, Pfeffer
1 TL Instant-Gemüsebrühe
1 TL Thymianblättchen (frisch oder getrocknet)
2 EL gehackte Petersilie
Tomate waschen, in Stücke schneiden zu der Fleischpfanne geben. Gemüse untermischen und mit Salz, Pfeffer, Gemüsebrühe, Thymian und Petersilie würzen und abschmecken.

Brötchen mit Avocado

- Kohlenhydratgericht
- Vegetarisch

1 glutenfreies Brötchen (60-80 g)
3-4 EL Hüttenkäse, Frischkäse oder Quark
Das Brötchen längs aufschneiden und beide Hälften mit dem Hüttenkäse bestreichen.

1 kleine reife Avocado
Die Avocado waschen, trocknen, längs durchschneiden und vom Kern drehen.
Die Schale abziehen.
Die Hälften in Scheiben schneiden und auf die Brötchen legen.

1 Tomate
Einige frische Basilikumblätter oder 1/2 Kästchen Kresse
Salz, Pfeffer
Die Tomate waschen und in Scheiben schneiden, dabei den Strunkansatz entfernen.
Die Kräuter waschen und abtropfen lassen.
Brötchen mit Kräutern und Tomaten garnieren.

Tipp fürs Mitnehmen:
Brötchen mit Hüttenkäse bestreichen und zusammenklappen.
Avocadoscheiben, Tomate und Kräuter separat in einer Box mitnehmen. Dabei die Avocado zusätzlich mit etwas Zitronensaft beträufeln damit die Oberfläche nicht oxidiert.

7. Tag:

Gratinierte Gemüsepfanne

Risotto mit Erbsen

Gratinierte Gemüsepfanne

- Eiweißgericht/Low Carb
- Ohne Schinken **vegetarisch**
- Mit rohem Schinken **neutrales Gericht**

1 mittelgroße Zucchini (150-200g)
1 kleine rote oder gelbe Paprikaschote (100 g)
1 -2 Schalotten
1 Knoblauchzehe
1 EL Olivenöl
Zucchini waschen und in Scheiben schneiden. Paprika waschen putzen und würfeln. Schalotten und Knoblauch schälen, fein schneiden und in dem Öl einige Minuten andünsten. Paprika und Zucchini dazugeben und bei niedriger Hitze etwa 5 Minuten dünsten.

50 gekochter Schinken
30 g Emmentaler, frisch gerieben
1 TL Thymianblättchen, frisch oder getrocknet
Pfeffer, Salz
Schinken in Streifen schneiden, in das Gemüse mischen und mit Salz abschmecken. Einen Deckel auflegen und das Gemüse zugedeckt 2-3 Minuten gratinieren, bis der Käse geschmolzen ist.

1 EL Pinien- oder Sonnenblumenkerne
Die Pinien- oder Sonnenblumenkerne in einer separaten Pfanne unter ständigem Bewegen anrösten und darüber streuen.

Tipp:
Diese Gemüsezubereitung ist auch zum Mitnehmen geeignet, da man sie auch gut kalt essen kann.

Risotto mit Erbsen

- Kohlenhydratgericht
- Vegetarisch
- Varianten mit vielen anderen Gemüsen, wie z.B: Kürbis, rote Bete, Brokkoli, Pilze

1-2 Schalotten
2 EL Olivenöl
60 g Risotto-Reis (z.b. Arborio)
1/8 l warme Gemüsebrühe
1-2 EL Weißwein
Schalotten schälen, fein würfeln und in dem Öl glasig dünsten. Reis dazugeben und Brühe und Wein aufgießen.
Reis zugedeckt bei mäßiger Hitze etwa 15 Minuten leicht köcheln lassen. Dabei ab und zu kurz umrühren. Wenn die Flüssigkeit verdunstet sein sollte, etwas heiße Brühe nachgießen.

2 Tassen grüne Erbsen (frisch oder TK)
25 g Parmesan oder Pecorino, frisch gerieben
Pfeffer, Salz
2 EL glatte Petersilie, frisch gehackt
Erbsen dazugeben und noch 4-5 Minuten ziehen lassen.
Käse reiben und einrühren. Risotto mit Pfeffer und Salz würzen.
Petersilie darüber streuen und unterheben.

8. Tag

Salat mit Schinken

Gemüsecremsuppe mit Lachs

Salat mit Schinken

- Eiweißgericht/Low Carb
- **Vegetarische Variante**: mit hartgekochtem Ei oder Käse (z.B. Käsewürfel oder-streifen von Emmentaler oder feingewürfeltem Ziegenkäse oder Schafskäse)

60 g Bio Salatgurke
60 g Salatblätter
Etwas Rukola oder Kresse
1 kleine rote oder gelbe Paprikaschote
50-75 g gekochter Schinken
Gurke waschen und in dünne Scheiben oder Stifte schneiden. Die Salatblätter waschen und abtropfen lassen. Rukola oder Kresse abspülen, Paprikaschote waschen, putzen und würfeln. Den Schinken in Scheiben auflegen oder in Streifen schneiden.

Für die Sauce:
½ Becher Sahnejoghurt
Salz, Pfeffer
1 TL Senf
1 TL milder Essig oder Molkosan
1 EL kaltgepresstes Olivenöl
Saucenzutaten einer Schüssel verrühren. Alle Salatzutaten dazugeben und vermischen.

Tipp fürs Mitnehmen:
Salat und Sauce getrennt in verschließbaren Dosen mitnehmen und bis zum Verzehr kühl stellen.

Gemüsecremesuppe mit Lachs

- Neutrales Gericht
- **Vegetarische Variante:** ohne Lachs
- Passende Vorspeise für Eiweiß- oder Kohlenhydratgerichte

100 g Möhre
100 g Brokkoli
100 g Zucchini
1/4 l Wasser
Möhre waschen, wenn nötig schälen und in dünne Scheiben schneiden.
Brokkoli waschen, putzen. Den Strunk schälen und in kleine Würfel schneiden.
Den Kopf in Röschen zerteilen. Möhren und Brokkoli-Strunkstücke mit dem
Wasser in den Topf geben und etwa 15 Minuten kochen lassen.
Zucchini waschen und in dünne Scheiben schneiden. Zucchini und Brokkoli-
röschen dazugeben und noch 10 Minuten bei schwacher Hitze weiterkochen
lassen.

1 TL Instant-Gemüsebrühe
Salz, Pfeffer
1 Prise Muskat oder Curry
2 -3 EL Sahne oder Kokosmilch
1 EL Petersilie, frisch gehackt
Die Suppe mit einem Mixstab pürieren. Mit Gemüsebrühe, Salz, Pfeffer und
Muskat und/oder Curry würzen. Sahne oder Kokosmilch einrühren und die
Suppe abschmecken. Die Petersilie darüber streuen.

Tipp:
Wenn es schnell gehen muss können Sie auch TK Gemüse verwenden. Die
Kochzeit beträgt dann nur 10-15 Minuten.

Ergänzungsmöglichkeiten:
Als Suppen-Einlage passen z.B. Lachsstreifen, Hühnerfleisch bzw. glutenfreie
Getreide wie z.B. Hirse oder Buchweizen.

9. Tag:

Geschnetzeltes mit Gemüse

Tomaten-Mozarella-Salat

Geschnetzeltes mit Gemüse

- Eiweißgericht/Low Carb
- Varianten: Anstelle von Kalbfleisch auch mit Pute, Hühnchen oder Schweinefleisch
- **Vegetarische Variante**: Anstelle von Fleisch eine zweite Pilzsorte verwenden (z.B. Austernpilze oder Kräuterseitlinge), ohne Wein

100 g Kalbschnitzel
100 g Champignons
100 g Möhre
1-2 Schalotten
Fleisch in Streifen schneiden. Pilze ggf. abspülen, putzen und in Scheiben schneiden. Möhre waschen, evtl. abschaben und in sehr feine Streifen schneiden oder hobeln. Schalotten schälen und fein würfeln.

1 EL Olivenöl
1/2 Tasse Weißwein
50 g Sahne
1 Tasse grüne Erbsen (frisch oder TK)
In einer Pfanne die Hälfte des Öls erhitzen, Schalotten und Möhren darin einige Minuten andünsten. Pilze und Erbsen dazugeben und Wein und Sahne angießen. Alles zugedeckt etwa 5 Minuten leicht köcheln lassen, bis die Sauce cremig ist.
In einer zweiten Pfanne das restliche Öl erhitzen, Fleisch hineingeben und unter Rühren 3-4 Minuten anbraten. Dann zu dem Gemüse geben.

1 EL Petersilie, frisch gehackt
Salz, Pfeffer
1 Prise Curry
Petersilie einrühren und das Gericht mit Salz, Pfeffer und Curry würzen und abschmecken.

Tomaten- Mozzarella-Salat

- Neutrales Gericht
- Vegetarisch

2 reife Tomaten oder 10-12 Kirschtomaten
50 g Mini-Mozzarella-Kugeln, ersatzweise ½ Kugel Mozzarella

Die Tomaten waschen und halbieren. Mozzarella abtropfen lassen und ebenso halbieren. Tomaten und Mozzarella in eine Schüssel geben.

1-2 TL milder Balsamico-Essig
1 EL kaltgepresstes Olivenöl
Salz, Pfeffer
1-2 EL Basilikumblätter
Essig, Olivenöl, Salz und Pfeffer dazugeben und untermischen. Das Basilikum waschen, in feine Streifen schneiden und dazugeben.

Tipp:
Dazu passt als **Kohlenhydrat-Ergänzung**: knuspriges glutenfreies Weißbrot oder Vollkornbrot oder **als Eiweißergänzung** ein saftiges Samen/Saaten-Eiweißbrot

Tipps fürs Mitnehmen:
Den Salat vorbereiten und bis zum Verzehr kühl stellen. Basilikumblätter erst kurz vor dem Verzehr dazugeben.

10. Tag

Sommergemüse

Nudeln mit Pilz-Sahne

Sommergemüse

- Neutrales Gericht
- **Vegetarische Variante:** ohne Sardellen
- Low Carb- oder Kohlenhydrat-Beilage

1-2 Schalotten
1 kleine Knoblauchzehe
1-2 eingelegte Sardellen
100 g Aubergine
100 g Zucchini
50 g Paprikaschote
1 Tomate
Schalotten und Knoblauch schälen und fein schneiden. Sardellen fein hacken.
Aubergine und Zucchini waschen, in Würfel schneiden und leicht salzen.
Die Paprikaschote waschen, putzen und in Streifen schneiden.
Tomate waschen und würfeln, dabei den Strunk entfernen.

1-2 EL Olivenöl
1 EL Kapern und/oder Oliven
2 EL gehackte glatte Petersilie
Salz, Pfeffer
1-2 EL Pinienkerne
Öl erhitzen. Bei mittlerer Hitze Schalotten und Knoblauch darin goldbraun
braten. Sardellen, Aubergine und Zucchini dazugeben und unter Rühren einige Minuten leicht anbraten.
Paprikaschote und Tomate dazugeben, mit 1 Tasse Wasser aufgießen und das
Gemüse noch etwa 5-10 Minuten schmoren lassen.
Kapern und Petersilie grob hacken und dazugeben. Mit Salz und Pfeffer würzen. Die Pinienkerne ohne Fett in einer Pfanne rösten und darüber streuen.

Tipp:
Dieses Gemüse schmeckt sehr gut kalt, z.B. als sommerliche Beilage zu
Fleisch, Fisch (**Eiweiß-Ergänzung**) oder Brot (**Kohlenhydrat-Ergänzung**).

Nudeln mit Pilz-Sahne

- Kohlenhydratgericht
- Vegetarisch
- Varianten: Mit gemischten Pilzsorten, auch sehr gut mit eingeweichten getrockneten Steinpilzen

60 g glutenfreie Nudeln ohne Ei (z.B. Reis- oder Maisnudeln)
2 l Wasser zum Kochen bringen, salzen und die Nudeln darin nach Packungsvorschrift in 8-10 Minuten "al dente" garen. Dabei ab und zu umrühren. Nudeln abgießen und abtropfen lassen.

100-150 g frische Pilze, wie z.B. Champignons, Steinpilze, Pfifferlinge
Pilze kurz abspülen, auf Küchenkrepp abtrocknen lassen, putzen und in feine Scheiben schneiden.

1-2 Schalotten
1-2 TL Butterschmalz
Schalotten schälen und sehr fein hacken. In einer Pfanne die Butter erhitzen und die Schalotten darin bei schwacher Hitze glasig dünsten.

100 g Sahne
Sahne angießen. Die Pilze einrühren. Die Sauce zugedeckt etwa 5 Minuten leicht köcheln lassen.

Salz, Pfeffer
1/2 TL Instant-Gemüsebrühe
Mit Salz, Pfeffer und Gemüsebrühe kräftig würzen. Die Sauce kurz kräftig aufkochen und dabei etwas einkochen lassen bis sie cremig ist.

1 EL Petersilie, frisch gehackt
In die Sauce einrühren. Die Nudeln abschütten und mit der Pilzsauce vermischen.

1 EL Pecorino, frisch gerieben
über das Gericht streuen.

11. Tag

Fisch mit Spinat und Käsesauce

Zwiebelsuppe mit Croutons

Fisch mit Spinat und Käsesauce

- Eiweißgericht/Low Carb
- Varianten mit anderen Fischsorten und Gemüsen wie z.B. Lauch, Mangold

120-150 g Kabeljau- oder Goldbarschfilet
1 TL Zitronensaft , Salz
300 g frischer Spinat oder etwa 200 g TK Spinat
Den Fisch abspülen, trockentupfen, mit der Zitrone beträufeln und salzen. Spinat verlesen und waschen. TK Spinat antauen lassen.

1 Schalotte
1 Knoblauchzehe
1 TL Butterschmalz
Pfeffer,
1 Messerspitze Curry oder Muskat
Schalotte und Knoblauch waschen, fein hacken und in 1 TL Butterschmalz goldbraun braten. Spinat tropfnass dazugeben und zugedeckt 3-4 Minuten dünsten. Dann den Deckel abnehmen und die Flüssigkeit nahezu verdunsten lassen. Mit Salz, Pfeffer und Muskat oder Curry würzen.

1 EL Butterschmalz
erhitzen und Fischfilet darin auf beiden Seiten 2-3 Minuten anbraten. Fisch auf den Teller geben und für einige Minuten bei 50 Grad zum Warmhalten in den Backofen stellen.

½ Tasse Sahne oder Milch
2 EL Käse, frisch gerieben oder 1 Ecke Schmelzkäse
1 EL Schnittlauch, frisch geschnitten
Sahne oder Milch in einen kleinen Topf geben und erhitzen. Käse dazugeben und schmelzen lassen. Kurz köcheln lassen bis die Sauce cremig ist. Schnittlauch einrühren.
Käsesauce und Spinat zu dem Fisch auf den Teller geben.

Tipp:
Zusätzlich passt dazu auch noch ein bunter Vorspeisensalat.

Zwiebelsuppe mit Croutons

- Kohlenhydratgericht
- Vegetarisch
- Neutrales Gericht **ohne** Croutons und Speisestärke

250 g Gemüsezwiebeln
1 EL Butterschmalz
1 TL Kartoffelmehl (Speisestärke)
¼ l Wasser
Salz, 1 Prise Muskat
1-2 TL Instant-Gemüsebrühe
Zwiebeln schälen, längs halbieren oder vierteln und in feine Streifen schneiden. In einem Topf Butterschmalz erhitzen und die Zwiebeln darin goldbraun andünsten. Stärkemehl darüber stäuben und einrühren. Das Wasser aufgießen, die Suppe mit Salz, Muskat und Gemüsebrühe würzen uns noch etwa 15-20 Minuten leicht köcheln lassen.

1-2 Scheiben glutenfreies Baguette
1 kleine Knoblauchzehe
1 kleines Stück Parmesan
1 EL feingeschnittener Schnittlauch
Das Brot toasten und mit der geschälten Knoblauchzehe abreiben. Die Knoblauchzehe pressen und in die Suppe einrühren.
Die Suppe in eine Suppenschale gießen. Die Brotscheiben würfeln und auf die Suppe legen.
Von dem Käse mit einem Sparschäler hauchdünne Streifen abtragen und über die heiße Suppe streuen.
Schnittlauch darüber streuen.

12. Tag

Blumenkohlcurry

Lauchquiche

Blumenkohlcurry

- Neutrales Gericht /Low Carb Beilage
- Varianten mit anderen Gemüsen, wie z.b. Kohlrabi, Zucchini

300 g Blumenkohl
100 g Zucchini
50 g rote Paprika
1 cm frische Ingwerwurzel
Blumenkohl waschen, putzen und in Röschen zerteilen. Zucchini waschen und in Scheiben schneiden. Paprika waschen und würfeln. Ingwer und Knoblauch schälen und fein würfeln.

1 EL Butterschmalz oder Kokosöl
1 Tasse Wasser
Schmalz oder Öl erhitzen, Ingwer und Knoblauch kurz anbraten, dann den Blumenkohl und das Wasser dazugeben und zugedeckt etwa 10 Minuten dünsten lassen.

1-2 TL Currypulver oder -paste
Salz
1 EL Petersilie und/oder Koriander, frisch gehackt
Die restlichen Gemüse zugeben, Curry und etwas Salz einrühren, alles gründlich vermischen und zugedeckt noch etwa 7 Minuten dünsten lassen. Die gehackten Kräuter einrühren und das Curry abschmecken.

Tipp:
Dazu passen, wenn gewünscht, als **Eiweiß-Ergänzung** z.B. kleine Schweine- oder Kalbsmedaillons oder als **Kohlenhydrat-Ergänzung** ein duftender Basmatireis, nach Belieben mit etwas Ingwer in Kokosöl gebraten.

Lauchquiche

- Kohlenhydratgericht
- Vegetarisch
- Varianten mit vielen anderen Gemüsesorten, wie z.B. Spinat, Spargel, Kürbis, Wirsing

Zutaten und Zubereitung für eine kleine Kuchenform von 18 bis 20 cm Durchmesser (2 Portionen):

Für den Teig:

100 g glutenfreie Mehlmischung, z.B. von Schär
100 g Butter
1 TL Salz
½ TL Backpulver

Backofen auf 180°C vorheizen. Mehl mit Butter, Salz und Backpulver zu einem Teig verarbeiten. Den Teig in der Form zu einem Boden ausdrücken dabei einen Rand formen. Den Teig im Ofen bei 180°C (Umluft 160°C, Gas Stufe 2-3). 10 Minuten vorbacken.

Für den Belag:

250 g Lauch oder Frühlingszwiebeln
4-5 Champignons
1 EL Butterschmalz
Salz, Pfeffer, Curry

Lauch halbieren, Blätter unter Abklappen waschen und fein schneiden. Butterschmalz erhitzen und den Lauch 4-5 Minuten dünsten. Mit Salz, Pfeffer und Curry würzen.

4 EL Creme fraîche 30 %
50 g Pecorino, frisch gerieben oder Roquefort, gewürfelt
1 Eigelb

Lauch auf den Teig geben. Sahne mit Käse und Eigelb vermischen, über den Lauch gießen und leicht einrühren.

Die Quiche 20-25 Minuten backen.

1 Tomate in Scheiben schneiden und nach dem Backen auf dem Belag verteilen.

Tipp zum Mitnehmen:

Die zweite Hälfte der Quiche einfrieren oder für den nächsten Tag als kaltes Essen einplanen.

13. Tag

Salat mit Thunfisch und Ei

Kartoffel-Gemüse-Pfanne

Salat mit Thunfisch und Ei

- Eiweißgericht/Low Carb
- Mit vorgekochtem Ei
- **Variante vegetarisch:** ohne Thunfisch, dafür mit 2 Eiern oder mit Schafs- oder Ziegenkäse, anstelle von Essig mit Molkosan oder Joghurt

60 g Salatblätter
60 g BIO Salatgurke
1 Tomate
1 Stück grüne Paprikaschote
1 Lauchzwiebel und/oder einige Rukolablätter
2 EL Gemüsemais
Salatblätter waschen und abtropfen lassen. Gurke waschen und fein schneiden. Tomate waschen und in Achtel schneiden, dabei den Strunkansatz entfernen. Die Paprikaschote waschen und fein schneiden. Lauchzwiebeln putzen, waschen und in Streifen schneiden oder Rukola waschen und grob zerkleinern.

1-2 TL milder Essig
1 EL Olivenöl
Salz, Pfeffer
1 EL Petersilie, frisch gehackt
1 kleine Dose eingelegter Thunfisch
1 hartgekochtes Ei
In einer Schüssel Essig und Öl mit Salz, Pfeffer und der Petersilie vermischen. Den Thunfisch in Stücke zerpflücken und dazugeben. Salatblätter, Gurke, Tomate, Paprika und Lauchzwiebel daruntermischen.
Das Ei pellen, in Spalten oder Scheiben schneiden und den Salat damit garnieren.

Tipp fürs Mitnehmen:
Salatzutaten und Marinade getrennt verpackt mitnehmen und erst kurz vor dem Essen vermischen.

Kartoffel-Gemüse-Pfanne

- Kohlenhydratgericht
- Vegetarisch
- Anstelle von Weißkohl auch mit anderen Gemüsen, wie z.b. Lauch , Zucchini, Paprikaschoten, Erbsen, Bleichsellerie, Pilze

200 g festkochende Kartoffeln
1-2 EL Butter- oder Schweineschmalz
Kartoffeln schälen und fein würfeln. In einer **großen beschichteten** Pfanne die Hälfte des Öls erhitzen und die Kartoffeln unter gelegentlichem Rühren 10-15 Minuten zugedeckt vorgaren lassen.

200 g Weißkohl
Salz
Pfeffer
Curry
Weißkohlblätter in feine Streifen schneiden. Die Kartoffeln an den Rand der Pfanne schieben, Weißkohlstreifen dazugeben und unter Rühren **leicht** anbraten. Jetzt Kohl und Kartoffeln in der Pfanne vermischen, mit Salz und Pfeffer würzen und noch 5-10 Minuten offen bei schwacher Hitze braten.

Beilagentipp:
Dazu passt ein bunter Salat oder ein schneller **Joghurt-Dip:**

1-2 EL Schnittlauch, fein geschnitten
3-4 EL Sahnejoghurt
1 Stückchen Salatgurke oder 2-3 Radieschen
Den Schnittlauch mit dem Joghurt vermischen. Gurke oder Radieschen waschen, in feine Julienne schneiden bzw. raspeln und dazugeben. Mit Salz abschmecken und dazu reichen.

14. Tag

Tomatensuppe mit Eierflan

Cous-Cous-Salat mit Hirse

Tomatensuppe mit Eierflan

- Eiweißgericht/Low Carb
- glutenfrei
- Vegetarisch

1-2 Eier
1 EL Milch oder Sahne
Salz
1 EL Petersilie oder Schnittlauch, klein geschnitten
1 TL weiche Butter
Ei mit Milch/Sahne, Salz und Kräutern verrühren. Eine Tasse mit der weichen Butter ausstreichen, die Eiermilch einfüllen und mit Alufolie verschließen. In einem Topf etwa 3 cm Wasser zum Kochen bringen, die Tasse mit der Eimasse hineinstellen und diese zugedeckt in etwa 10 Minuten stocken lassen.

1 Schalotte
1 Knoblauchzehe
1 EL Olivenöl
250 g Tomatenpüree (Fertigprodukt) oder Tomaten aus der Dose
etwa 1/8 l Wasser
1 Prise Zucker, Pfeffer
4-5 Blätter Basilikum
Schalotte und Knoblauch schälen, fein würfeln und in dem Öl goldbraun andünsten. Tomatenpüree dazugeben und das Wasser aufgießen. Die Suppe etwa 10 Minuten leicht köcheln lassen. Mit Zucker, Salz und Pfeffer würzen.

Die gestockte Eimasse auf ein Brettchen stürzen, in Viertel, Achtel, Würfel oder Scheiben schneiden und mit den Basilikumblättern in die Suppe geben.

Cous-Cous-Salat mit Hirse

- Kohlenhydratgericht
- Glutenfrei
- Vegetarisch
- Varianten mit Reis- oder Buchweizen-Cous-Cous oder Quinoa

1/8 l Gemüsebrühe
Salz
50 g Hirse, "feines Korn"
Die Gemüsebrühe mit etwas Salz zum Kochen bringen. Hirse einstreuen und etwa 10-15 Minuten bei niedrigster Hitze zugedeckt quellen lassen. Wenn die Flüssigkeit zu schnell verdunstet sein sollte, noch etwas Wasser zugeben.

1 kleine Knoblauchzehe
1 Schalotte
Knoblauch und Schalotte schälen, fein hacken und in die heiße Masse einrühren.

1 Tomate
50 g Bio-Salatgurke
4 grüne und/oder schwarze Oliven
Tomate schälen und in Achtel schneiden, dabei den Strunkansatz ausschneiden. Gurke waschen und fein würfeln oder stifteln. Oliven wenn nötig entkernen und fein schneiden. Zerkleinerte Gemüse unter die Hirse mischen.

2 EL Olivenöl
Pfeffer
2 EL glatte Petersilie, frisch gehackt
Öl, Pfeffer und Petersilie einrühren und den lauwarmen Salat noch mal mit Salz abschmecken.

Tipp fürs Mitnehmen:
Da dieser Salat besonders gut schmeckt, wenn er gut durchgezogen ist, können Sie ihn fix und fertig zubereitet in einer Deckelschüssel mitnehmen.

Lust auf weitere Rezepte der VARIO-Trennkost?

Das **zweite Buch zur VARIO-Trennkost** ist bereits in Arbeit und wird noch **viele neue Rezepte** enthalten

Freuen Sie sich darauf!

Weitere aktuelle Bücher von Johanna Handschmann:

JOHANNA HANDSCHMANN
Natürlich süß!
Rezeptideen für Kuchen, Desserts und mehr. Alternativ
süßen ohne Industriezucker

Gebundenes Buch, Pappband, 144 Seiten, 19,0 x 24,0 cm
ca. 50 Farbfotos
ISBN: 978-3-517-08973-7
€ 14,99 [D] | € 15,50 [A] | CHF 20,50 * (* empf. VK-Preis)

Verlag: Südwest

JOHANNA HANDSCHMANN
Marone, Kürbis, Pastinake
Aromareiche Herbstküche

eBook
ISBN: 978-3-641-09074-6
€ 11,99 [D] | CHF 15,00 * (* empf. VK-Preis)

Format: epub

Verlag: Bassermann Inspiration

JOHANNA HANDSCHMANN
Suppen & Eintöpfe

Gebundenes Buch, Pappband, 64 Seiten, 20,0 x 28,0 cm
durchgehend vierfarbige Rezeptfotografie
ISBN: 978-3-8094-2631-8
€ 2,99 [D] | € 2,99 [A] | CHF 4,50 * (* empf. VK-Preis)

Verlag: Bassermann

JOHANNA HANDSCHMANN
Spargel
Die besten Rezepte für weiße und grüne Köstlichkeiten

Gebundenes Buch, Pappband, 96 Seiten, 21,0 x 28,0 cm
durchgehende Farbfotografie
ISBN: 978-3-8094-3118-3
€ 4,99 [D] | € 4,99 [A] | CHF 7,50 * (* empf. VK-Preis)

Verlag: Bassermann

JOHANNA HANDSCHMANN
Kartoffeln

Gebundenes Buch, Pappband, 64 Seiten, 21,0 x 28,0 cm
durchgehend vierfarbige Rezeptfotografie
ISBN: 978-3-8094-2634-9
€ 2,99 [D] | € 2,99 [A] | CHF 4,50 * (* empf. VK-Preis)

Verlag: Bassermann

Johanna Handschmann

war Dozentin für Ernährungslehre an der Pädagogischen Hochschule Karlsruhe und Hauswirtschaftslehrerin.

Heute arbeitet sie als freie Autorin und Ernährungscoach und lebt am Bodensee. Sie ist Expertin für individuelle Ernährungssituationen und Fachautorin für kreative Fleisch-, Fisch-, und Gemüseküche, vegetarische Ernährung, Vollwertkost und Trennkost.

Mit der VARIO-Trennkost verfolgt sie das Ziel, unterschiedliche Ernährungs-formen unter dem Dach der Trennkost zu vereinen und der ganzen Familie zugänglich zu machen.

Persönliche Notizen